AF382652

EL MÉTODO SEIS SIGMA

Mejore los resultados de su negocio

Por Anis Ben Alaya
En colaboración con Amicie de Quatrebarbes
Traducido por Marina Martín Serra

Economía y empresa   50MINUTOS.es

LAS CLAVES PARA EL ÉXITO

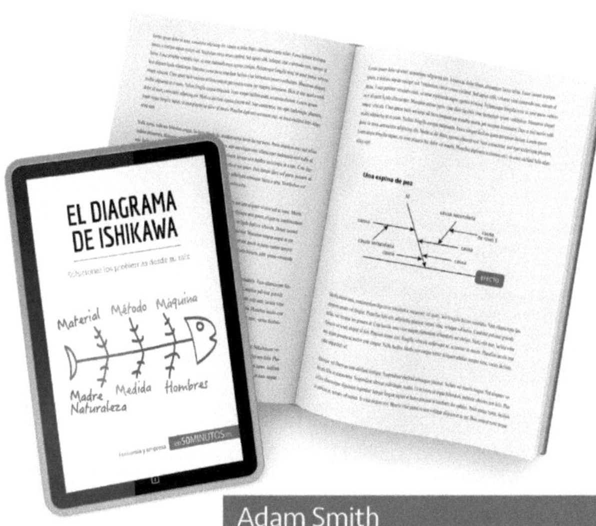

Adam Smith

El principio de Pareto

El estrés laboral

La pirámide de Maslow

www.50minutos.es

EL MÉTODO SEIS SIGMA

DATOS CLAVE

- **¿Denominaciones?** Seis Sigma, Six Sigma, 6 Sigma, 6 σ.
- **¿Utilidad?** Planteamiento cualitativo, cuantitativo y estructurado de la gestión empresarial.
- **¿Por qué es eficaz?** Planteamiento minucioso que mejora los procesos clave de la empresa ya que, con una fiabilidad del 99,99 %, el objetivo que se pretende alcanzar tiene un promedio de 3,4 defectos por cada millón de oportunidades de defecto (mientras que 3,8 sigma, por ejemplo, corresponden a 10 000 defectos por millón).
- **¿Palabras clave?**
  - <u>Clientela</u>: conjunto de agentes interesados por un producto o servicio.
  - <u>Defecto</u>: imperfección material.
  - <u>DMAIC</u>: método de gestión cuyo objetivo es la mejora de un producto o servicio.
  - <u>Desviación estándar</u>: variación, dispersión de una variable respecto a un umbral (el promedio).

- ° <u>Gestión de proyectos</u>: proceso en una empresa que quiere organizar un proyecto en diferentes etapas.
- ° <u>Información</u>: datos que permiten establecer una visión de conjunto de una situación determinada, sin que se omitan los detalles.
- ° <u>Objetivo estratégico</u>: equilibrio que hay que alcanzar Y que implica la realización de acciones necesarias para conseguir una posición favorable en un mercado.
- ° <u>Herramienta estadística</u>: método de análisis de una base de datos que permite un planteamiento cuantificado.
- ° <u>Rendimiento</u>: resultado cuantificado.
- ° <u>Proceso</u>: las diferentes etapas de producción.
- ° <u>Calidad</u>: características que definen a un producto.
- ° <u>Sigma</u> (σ): letra griega que representa la desviación estándar en estadística.

INTRODUCCIÓN

Cuando una empresa se da cuenta de que uno de los productos que vende no satisface nada o suficientemente a los clientes y a la propia empresa, puede decidir reconsiderar su *workflow* (flujo de trabajo, de fabricación, etc.) con el fin de lograr una mejora concreta de la calidad del mismo. El método Seis Sigma permite calibrar sus nuevos objetivos y reducir la probabilidad de la variación en el seno de un proceso, siempre que se haya llevado a cabo un análisis previo profundo para descubrir los defectos que alteran la satisfacción del cliente, de los trabajadores y de la empresa.

Historia

En el contexto de los años ochenta, la compañía estadounidense Motorola se enfrenta a una fuerte presión por parte de los productores asiáticos, en particular de los japoneses, puesto que su sistema de producción, muy distinto al asiático, no parece ajustarse a la realidad del mercado. Ya en los años setenta, las fábricas japonesas se centraban más en la longevidad y la fiabilidad, y presentaban por consiguiente modelos más simples que los que venían de las fábricas estadounidenses, más centradas en los elementos de calidad (diseño del modelo, opciones, etc.). Estos últimos contaban entonces con inspecciones para el control del producto (método poco fiable y costoso).

En vista de la caída de las ventas, los directivos de Motorola eligen cambiar de filosofía y emplear conjuntamente herramientas estadísticas y principios de liderazgo con el fin de formar la base de un sistema de gestión completo: el Seis Sigma. Los resultados no se hacen esperar, y la mejora de la calidad de los productos llega enseguida. El proceso se expande durante los años ochenta y lo adopta General Electric, que rápidamente nota los beneficios de este método de gestión.

Hoy en día, la mayor parte de las compañías importantes ha optado por este sistema: Caterpillar, Kodak, SFR, etc. Así, el método Seis Sigma se ha convertido en una de las referencias de calidad en términos de práctica comercial y se enseña en numerosas escuelas de negocios de todo el mundo.

¿SABÍAS QUE...?

A continuación, presentamos algunos ejemplos del beneficio que aporta el Seis Sigma:

- Motorola capitalizó 2,2 mil millones de dólares entre 1986 y 1990;

- General Electric registró un rendimiento que oscilaba entre los 7 y los 10 mil millones de dólares gracias a este método en 1995;
- Bank of America ahorró centenares de millones de dólares, redujo a la mitad su tiempo de ejecución y disminuyó notablemente sus márgenes de error, todo ello tan solo tres años después de haber adoptado el método en 2001.

Definición del modelo

El Seis Sigma es un planteamiento analítico basado en hechos estadísticamente comprobados con el objetivo de mejorar el buen funcionamiento de la empresa (fabricación, administración, etc., a un coste más bajo) y de asegurar la calidad (con una fiabilidad del 99,99 %) de los productos o servicios destinados a los clientes. El nombre de este método proviene de una herramienta estadística precisa: la desviación estándar que representa la letra griega σ. El Seis Sigma la utiliza en el análisis de un proceso para proporcionar un producto en un «intervalo de calidad» —dicho de otra forma, sin alejarse más de 3 σ del promedio general, que el cliente y la empresa esperan. Así pues, esto permite limitar la variación y los defectos en el proceso.

TEORÍA Y PRESENTACIÓN DEL CONCEPTO

Las empresas que utilizan este método de gestión de la calidad para obtener una mejora de sus productos se centran en tres prioridades: los clientes, los empleados y el proceso. Dar prioridad a los clientes significa identificarlos, conocer sus expectativas y percibir el valor añadido que la empresa les podría aportar. Esto parece indiscutible pero, sin embargo, muchas empresas tienen tendencia a olvidar que el beneficio resulta de la satisfacción del cliente. Las dos otras prioridades tienen que estar igualmente en el centro de las preocupaciones de la compañía, ya que no prestarles atención podría provocar, de forma indirecta, el descontento de los clientes —ya que estos tres grandes ámbitos están interconectados—.

Los grandes ámbitos prioritarios

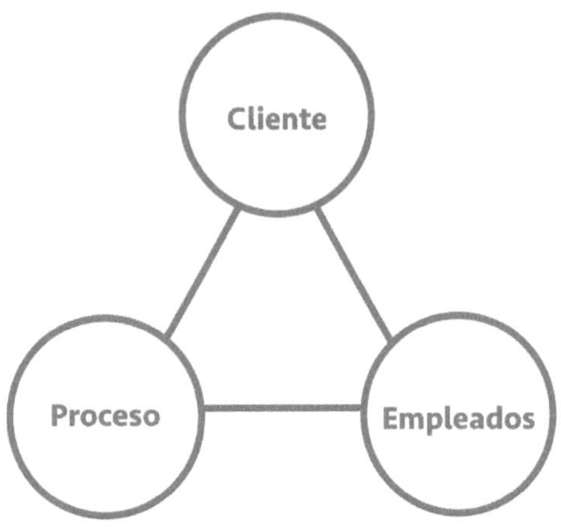

Existen dos procesos en el método Seis Sigma, y su uso depende del marco en el que la empresa quiera desarrollar su producción: la extensión o la creación de un producto.

DMAIC

Para aplicar el Seis Sigma con el objetivo de mejorar los resultados de un producto o de un servicio ya existente, hay que utilizar el siguiente método, llamado «DMAIC» por sus siglas en inglés:

- *Define* (definir). Definir los clientes, las expectativas, la normativa del equipo —presentando medidas específicas para la organización de la fase de desarrollo del proyecto—, el proceso general y los resultados financieros;
- *Measure* (medir). Medir y recopilar los datos (defectos) del proceso en cuestión;
- *Analyze* (analizar). Analizar los datos recopilados y el proceso para identificar los problemas relacionados con la situación actual;
- *Improve* (mejorar). Innovar para determinar soluciones potenciales y aplicarlas posteriormente a pequeña escala para ver si efectivamente mejoran el rendimiento del proceso;
- *Control* (controlar). Controlar, detallar y aplicar un plan para comprobar que la mejora se produzca a una mayor escala.

DMADC

El método DMAIC se utiliza para mejorar un producto o un servicio ya existente, pero para elaborar y diseñar un producto o un servicio nuevo será necesario utilizar otro: el «DMADC» (de *Define, Measure, Analyze, Design* —diseñar— y *Control*).

En el DMADC, la etapa de «diseñar» consiste en realizar el producto o aplicar el servicio. El equipo se asegura de la conformidad del producto.

¿QUÉ ES EL SEIS SIGMA?

A nivel técnico, el método Seis Sigma se basa en la teoría de la variabilidad, que plantea que todo lo que se puede medir estadísticamente en relación con una escala continua (peso, altura, tasa, etc.) sigue una curva en forma de campana. Esta, llamada también «curva de Gauss», es simétrica y representa prácticamente un 100 % de lo que medimos. Puede dividirse en varios segmentos —las desviaciones estándar marcadas por la letra griega σ (sigma)— que definen la variabilidad, mientras que el eje representado por la letra μ (mu) es la media a la que tiende todo proceso. Cuanto más débil es esta variación, más homogénea es la producción con valores cercanos al objetivo deseado.

Curva en forma de campana segmentada

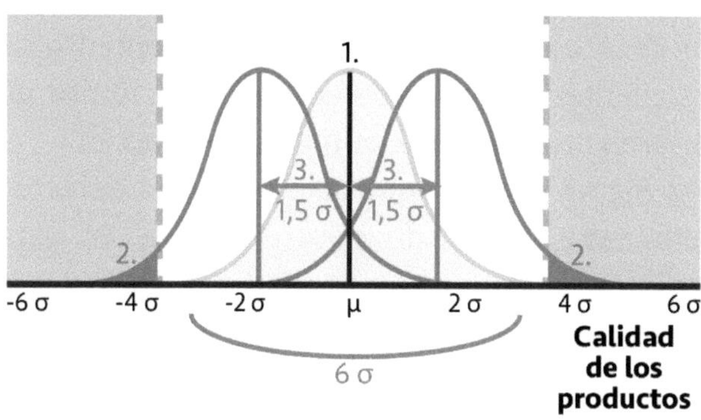

1. Casi-perfección, promedio,
   objetivo a alcanzar

2. Defectos inaceptables para los clientes

3. Intervalo de calidad tolerado

Método Seis Sigma utilizado para uniformizar la calidad (objetivo = promedio μ) disminuyendo la variación en el proceso de producción (expresado en sigma σ)

La aplicación del método Seis Sigma consiste en medir el rendimiento actual y, para hacerlo, conviene determinar la sigma separando el promedio real del promedio μ, que corresponde a la perfección del producto o servicio y así, de forma indirecta, a la satisfacción promedio de los clientes. Si consideramos el descontento de los clientes como un defecto —indicado por un alejamiento del nivel óptimo de satisfacción—, el Seis Sigma significa que solo habrá 3,4 defectos para cada millón de oportunidades. En esta óptica, la empresa da prioridad a la calidad que satisface al cliente para alcanzar la casi-perfección: la cima de la curva en μ. Estadísticamente, la varianza no puede ser negativa. Las sigmas negativas y positivas expresan simplemente la distancia que separa al producto de la calidad media máxima que satisface al cliente.

El método Seis Sigma (a través de una buena gestión de procesos) puede, por consiguiente, determinar hasta qué punto la empresa está cerca de los mejores niveles de rendimiento.

No obstante, no hay que considerar al Seis Sigma como un medio técnico. Las empresas que eligen aplicarlo deben concebirlo como una oportunidad que les permitirá entender todo lo que queda por cumplir para alcanzar la casi-perfección y mejorar constantemente su rendimiento.

Por supuesto, una vez que una empresa comienza a medir su sigma, puede desanimarse rápidamente, sobre todo cuando se da cuenta de que muchos rendimientos están en un intervalo que la aleja de lo óptimo (a un nivel en términos absolutos de 1 o 2 σ). Sin embargo, hay que tomar este método como una «filosofía de la insatisfacción permanente» de los resultados adquiridos. De hecho, moviliza a todos los empleados con el fin de reducir de manera continua los cambios.

LOS ACTORES DEL PROYECTO

Más allá de los procesos que hemos mencionado, no hay que olvidar la contribución de otras herramientas utilizadas durante las diferentes etapas de la aplicación del método Seis Sigma (lluvia de ideas, diagramas, etc.) que permitirán una mejora constante y continua del proceso. En concreto, hay varios actores de la empresa que participan en las conversaciones y trabajan en la elaboración del método en una primera fase.

En primer lugar se encuentra **la dirección de la empresa**, que tiene que implicarse de una manera u otra para hacer adoptar la filosofía Seis Sigma y difundirla en toda la organización desde el principio del proyecto. El equipo encargado de la aplicación del proceso de mejora no puede lograr el éxito si esta no le apoya completamente. En general, las personas que trabajan en proyectos Seis Sigma suelen estar entre las más competentes de la organización. La jerarquía se compone de la siguiente manera:

• los **Champions** (campeones) son los garantes del proyecto. Ayudan a los *Black Belts* a elegir los proyectos de mejora en los que hay que trabajar, a estimar su potencial y a evaluar los productos de la empresa en relación con la competencia. El *Champion* tiene la función de asegurar la supervisión, el apoyo y la financiación de los proyectos Seis Sigma y de gestionar el personal necesario para su realización. Son los pilares del proyecto, por lo que los eligen entre los mejores empleados.

• los **Black Belts** (cinturones negros) son los responsables del proyecto y los únicos que trabajan a tiempo completo en él. A menudo reciben una formación de antemano para que comprendan mejor su misión y apliquen directamente las cinco fases del DMAIC que llevan al Seis Sigma.

- los **Green Belts** (cinturones verdes) ayudan a los *Black Belts* para llevar a cabo con éxito el proyecto. También reciben una formación para que el equipo utilice el mismo lenguaje y trabaje así con un mismo objetivo.

El Seis Sigma es el primer método de gestión que implica tanto a la parte superior de la pirámide como a la inferior. Es un proceso que aporta una cierta dinámica a la empresa.

LÍMITES DEL MODELO Y EXTENSIONES

LÍMITES Y CRÍTICAS DEL MODELO

A menudo el Seis Sigma se percibe como una herramienta de gestión revolucionaria y poderosa gracias al rendimiento registrado por las numerosas empresas que lo han adoptado. No obstante, como todos los métodos, tiene algunos límites, tanto a nivel metodológico como terminológico. Por otra parte, como es el caso para otros muchos conceptos económicos, observamos una diferencia entre el aspecto teórico y el práctico. El economista americano George Eckes, especialista en el Seis Sigma, destaca los fracasos que se han observado a menudo con la aplicación del método y ofrece algunos consejos:

- **tener en cuenta que la mejora de la calidad del producto no solamente procede del perfeccionamiento de sus estadísticas.** El rigor y la disciplina pueden ser ventajas importantes, aunque no cubren la totalidad de los medios necesarios para la buena gestión y la mejora de un proceso. El método Seis Sigma combina una serie de ámbitos complementarios y no descuida en ningún caso el aspecto humano, que al mismo tiempo es el actor (el empleado en una empresa) y el destinatario (el cliente que hay que satisfacer). Este aspecto se olvida a menudo en la aplicación práctica de las empresas;

- **ser conscientes de que reducir los costes es solamente una etapa en el proceso de mejora.** El Seis Sigma no consiste en programar una reducción de los costes con fines tácticos. Al contrario, este método da más prioridad a la eficiencia que a la eficacia, ya que centra los objetivos de la empresa en las expectativas de los clientes más que en un planteamiento contable que calcula los costes conocidos y descuida el impacto en el cliente;

- **asegurarse de integrar la mejora en las definiciones de puesto.** No siempre es fácil reformar un proceso en una empresa para aplicar el método Seis Sigma. Como empleados u obreros, a menudo tenemos la impresión de no tener tiempo para un replanteamiento semejante y consideramos que ya dedicamos el tiempo suficiente a la empresa. Sin embargo, este «excedente» de tiempo que dedicamos a trabajar para la empresa se debe normalmente a la ineficacia e ineficiencia. Esto no necesariamente proviene de la mala voluntad del trabajador, sino del proceso en sí mismo;

- **no olvidar que la dinámica de los equipos es una de las principales causas del fracaso de los proyectos.** Gestionar la dinámica de un equipo parece fácil. No obstante, esta es una de las principales causas del fracaso. Así pues, es importante construir bases sólidas. Para ello, el gestor del proyecto tiene que explicar claramente los pormenores del proyecto. Enmarcar las reuniones, fijar el orden del día y determinar los papeles y responsabilidades de cada uno son los puntos de partida para evitar que el proyecto empiece sobre bases inestables;

- **considerar que los esfuerzos no son únicamente responsabilidad de los *Black Belts*.** Los *Black Belts* se eligen para que sean los responsables de los equipos. Como se ha explicado anteriormente, se trata a menudo de personas formadas para el uso de las herramientas y de las técnicas de perfeccionamiento —son, de algún modo, los dirigentes operacionales de la empresa—. El peligro aquí recae en el hecho de que cada uno de ellos (sobre todo los dirigentes de la empresa) se desentienda de las responsabilidades del proyecto, ya que se imaginan que los expertos internos están allí para instaurar el Seis Sigma. Sin embargo, el buen funcionamiento de una empresa se obtiene con un trabajo en equipo, y todos los puestos de gestión jerárquica están implicados;

- **entender el Seis Sigma como una mejora dentro de la continuidad**. Uno de los principios del método es trabajar en la continuidad y garantizar un proceso de calidad constante, y no formar un equipo encargado del Seis Sigma siempre que se presente en la empresa un problema de ineficiencia o de ineficacia;

- **pensar en la dirección como en un actor activo.** Para que el método Seis Sigma funcione, los directivos de la empresa tienen que ponerse manos a la obra y considerarse participantes en el trabajo de la empresa. La dirección general es consciente de que el fenómeno cultural es un elemento importante en la gestión de una empresa. Uno de los puntos fuertes del Seis Sigma es que fomenta una actitud proactiva en todos los niveles jerárquicos;

- **darse cuenta del cambio en la gestión de empresa.** Si el cambio a nivel estratégico no se lleva bien en la empresa, no habrá grandes resultados potenciales.

EXTENSIONES Y MODELOS CONEXOS

Lean Seis Sigma (LSS)

El Lean Seis Sigma (LSS) es una extensión del método Seis Sigma cada vez más extendida. Se centra sobre todo en el proceso de producción, mientras que el Seis Sigma se orienta sobre todo hacia el producto como tal. Este modelo conexo permite reducir el tiempo de trabajo y los periodos de espera necesarios para aplicar un proceso más eficaz.

Los objetivos estratégicos de este modelo son los siguientes:

- aumentar el valor añadido de las tareas en el seno de los procesos;
- reducir los retrasos y los costes del proceso con la eliminación de las actividades sin valor añadido;

- hacer que los procesos sean fluidos;
- mejorar la calidad de los productos en función del cliente;
- fomentar el desarrollo de una cultura de mejora continua en el seno de la empresa.

Los principales ámbitos de competencia son:

- definir el valor y determinar las etapas que lo aportan;
- dar prioridad a eliminar el desperdicio y los costes ocultos;
- controlar las fuentes de variaciones mediante el seguimiento de las etapas del proceso.

Total Quality Management (TQM)

El Total Quality Management (TQM) o Gestión de la Calidad Total es un método de gestión de la calidad más antiguo que el Seis Sigma. Su objetivo común es movilizar a toda la sociedad para alcanzar una calidad perfecta, reduciendo el desperdicio y mejorando el rendimiento del producto final. El TQM se centra en el cliente —satisfacción y fidelidad— aunque la práctica del control y del autocontrol de la calidad también es esencial.

La metodología de este modelo es la siguiente:

- *Planear.* Elaboración de los objetivos estratégicos y del calendario de los planes de mejora;
- *Realizar.* Establecimiento y aplicación del proceso de mejora de la producción;
- *Comprobar.* Análisis de satisfacción y control de la calidad del producto;
- *Actuar.* Corrección de los costes y de los desperdicios y control de las etapas de la producción.

Según el gestor de proyectos estadounidense Frank Anbari, el método Seis Sigma es más completo y exhaustivo que el TQM, ya que proporciona resultados financieros y asocia herramientas de análisis más detalladas así como métodos de gestión. Resume la relación entre estas dos metodologías de la siguiente manera: Seis Sigma = TQM + orientación cliente + herramientas de análisis de datos complementarios + resultados financieros + gestión de proyecto.

APLICACIÓN DEL CONCEPTO

CONSEJOS Y BUENAS PRÁCTICAS

Vamos a proceder a utilizar la metodología DMAIC, que hemos mencionado más arriba, para visualizar concretamente cuáles son sus aportaciones en el seno de una empresa. Para que una empresa pueda llevar a cabo una transformación estratégica de tal magnitud como la del Seis Sigma, tiene que integrar efectivamente las cinco etapas siguientes como línea de conducta:

- **Definir el objetivo que hay que alcanzar para conseguir una mejora**. Esta etapa permite orientar al equipo para que todos sus miembros vayan hacia una misma dirección. También favorece el análisis de los vínculos entre las diferentes etapas del proceso y, por consiguiente, el trabajo para la mejora del producto, la identificación de las necesidades del cliente y la estimación de los resultados esperados. Es importante definir el proyecto de forma objetiva cuantificándolo mediante una base de datos. La fase de recopilación de datos es esencial, ya que servirán de base de trabajo para todo el proyecto.

- **Medir el promedio de producción actual**. Resulta primordial medir si el proceso en cuestión puede proporcionar y evaluar la cantidad de defectos existentes. Así, los *Black Belts* pueden conocer la frecuencia de aparición de los defectos y compararla con la competencia. Es importante centrarse en los elementos clave del proceso —es decir, aquellos cuya influencia en la calidad es la más importante. Esta etapa permite, así, medir la sigma, la desviación estándar del proceso, lo que resulta útil para visualizar la desviación entre el promedio actual y el objetivo deseado, que es el promedio ideal que se pretende alcanzar.
- **Profundizar en el análisis para descubrir lo que causa la desviación**. Los resultados obtenidos se analizan para evaluar el rendimiento de los procesos en relación con su aptitud y con lo que hace la competencia. El objetivo de esta etapa es calcular las desviaciones con respecto al rendimiento previsto, es decir, las diferencias entre lo que se está haciendo hoy

y lo que podría hacerse. Así pues, hay que analizar las medidas obtenidas, buscar las causas raíces, validar esta o estas causas, etc.

- **Innovar para solventar la desviación estándar y desplazar el promedio**. A lo largo de esta etapa, se tienen que proponer soluciones potenciales para resolver los errores presentes en el proceso y para responder de manera más eficiente a las expectativas de la clientela.

- **Controlar los nuevos rendimientos en términos de calidad**. Durante esta etapa final, se tienen que hacer las últimas comprobaciones para mantener el nivel de calidad alcanzado y para asegurar un desarrollo eficaz y continuo del proceso. Para lograrlo, los *Black Belts* aplican algunas acciones que permiten mantener los elementos clave que se han instalado recientemente en el *workflow*. Asimismo, tienen que comprobar que los equipos sigan bien el proceso, midan sus resultados y validen el funcionamiento del plan. Si aparece un nuevo problema, los *Black Belts* y sus equipos tienen que poder solucionarlo y volver a trabajar inmediatamente en el proceso.

- En resumen: hay que definir el proyecto, medir el rendimiento actual, identificar los problemas con el análisis, innovar gracias a soluciones oportunas y controlar el proceso reconfigurado para asegurarse de que el problema se ha resuelto.

Según el economista americano George Eckes, para efectuar correctamente las transformaciones estratégicas de la calidad y gestionar el proceso de manera eficiente hay que considerar ocho etapas prácticas:

- definir objetivos estratégicos de común acuerdo;
- crear procesos generales, subprocesos principales y procesos de realización;
- designar los *Black Belts* de los procesos;
- aplicar un cuadro de mando en el que los distintos equipos definan las etapas y los objetivos a lo largo del proceso;
- recopilar los datos necesarios para el cuadro de mando elegido;
- definir criterios de selección de los proyectos;
- seleccionar proyectos con la ayuda de estos criterios;

- gestionar continuamente los procesos para alcanzar los objetivos estratégicos de la empresa.

ESTUDIO DE CASO

El proyecto de una empresa X consiste en mejorar una herramienta de ayuda a la toma de decisiones (base de datos) destinada a los vendedores, para que puedan hacer estimaciones de ventas.

Definición del proyecto y de los actores

Este proyecto se aplica porque muchos vendedores no están satisfechos con la base de datos, que no está actualizada y por tanto no es fiable y no permite prever las ventas correctamente.

Entonces, se realizan numerosos estudios y entrevistas para, por una parte, definir el proyecto y, por otra, los actores principales:

- la prioridad está en la identificación de los problemas y del proceso necesario para la mejora de la herramienta de ayuda a la toma de decisiones. En nuestro caso, se trata de encontrar un medio fiable que permita prever los desafíos económicos futuros;

- a continuación, una herramienta llamada «análisis de las partes interesadas», sacada del módulo de formación de la Unión Europea sobre las técnicas de colaboración y de promoción, permite establecer una matriz que posiciona a los diferentes actores y/o departamentos: el departamento de finanzas, el departamento de ventas y el departamento informático. Esta matriz presentada bajo forma de tabla organiza a las partes interesadas en función de su poder e interés (débil a elevado), definiendo así su actitud, su influencia y su importancia respecto al objetivo que hay que alcanzar.

Tabla de análisis de las partes interesadas

Por otra parte, para que el proyecto se lleve a cabo con éxito, hay que convencer también a algunos departamentos —sobre todo al de informática— que se muestran reticentes y consideran que este proceso es inútil.

Medida y análisis de la aptitud del proceso

Antes de poder definir un nuevo proceso, el equipo tiene que apropiarse de la base de datos y hacer una lista de la información disponible y de las etapas, y luego estudiar la plusvalía potencial de la herramienta ideal. Dicho de otra forma, hay que elaborar un análisis por producto, por línea de productos, por fecha de venta, etc., para encontrar los errores y mejorar la calidad de los datos.

Entonces hay que encontrar la información interna (ventas, existencias, calidad del producto, etc.) que constituya una parte suficientemente representativa del proceso que hay que mejorar para lograr un rendimiento superior al nivel de la calidad de los datos. El equipo que trabaja en el proyecto extrae 100 datos para analizarlos y comprobar con los equipos de ventas cuáles son los que presentan una fiabilidad irrefutable.

Este equipo determina una muestra que corresponde a una parte representativa de la población total del país en el que se encuentra la empresa para observar las realidades sobre el terreno.

Así, durante varios días, los *Black Belts* trabajan conjuntamente con los equipos de ventas para verificar manualmente los datos y compararlos con las facturas establecidas. No hay que esperar mucho para obtener la constatación: entre estas últimas, hay algunas que faltan, otras están por duplicado o son incorrectas.

Entonces, el equipo se encarga de determinar el rendimiento actual así como aquel que hay que alcanzar gracias a las nuevas medidas que hay que aplicar a través del sistema Seis Sigma. En concreto, aspira a una corrección de 1,5 sigma, pasando así de 4,5 a 6 sigma.

Comportamiento después de un descentramiento de 1,5 σ

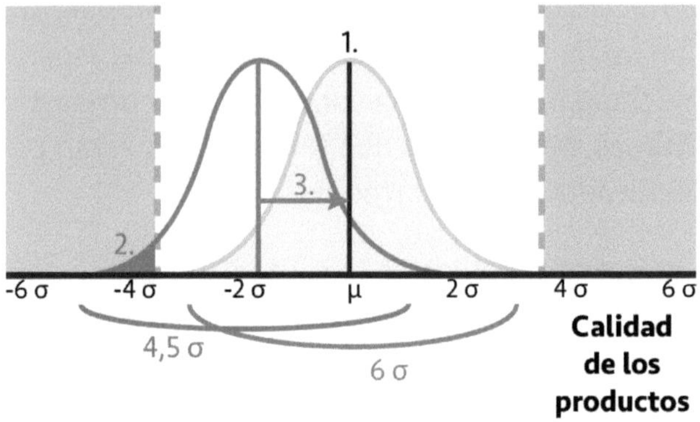

Observamos que el paso de 4,5 a 6 sigma comporta una bajada consecuente de la tasa de defecto para alcanzar finalmente una tasa de fiabilidad del 99,99 % —es decir, la famosa tasa de defecto de 3,4 piezas por millón—, expresada en volumen a continuación:

Evolución de las tasas de defecto según los niveles del método Seis Sigma

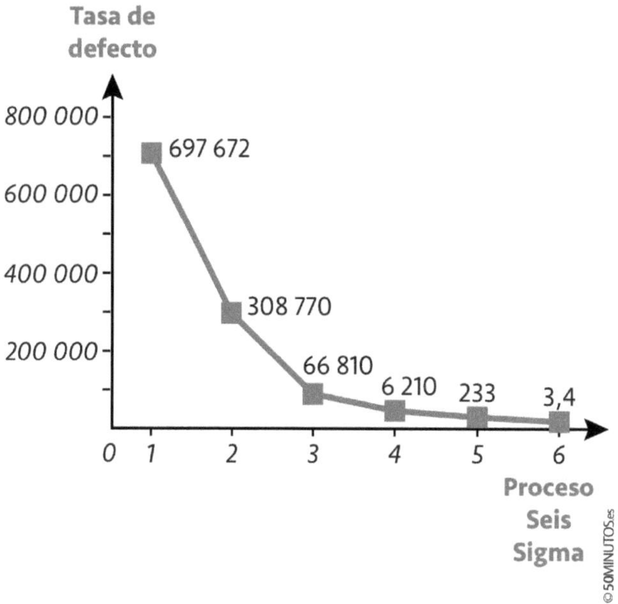

Después de haber estudiado los datos, los especialistas extraen el defecto principal que interfiere en la calidad de los datos: la mala manipulación de la herramienta por parte de los vendedores. Esto se debe a una serie de hechos:

- demasiadas personas pueden introducir datos, mientras que no se establece ninguna responsabilidad;
- muchos experimentan una falta de interés y dan mal la información;

La base de datos, que es relativamente compleja, padece los cambios de equipo y el hecho de ser utilizada por personas que no están formadas para emplear este tipo de herramientas. Entonces, miden las fuentes u oportunidades de errores:

- las personas no aptas que introducen información;
- los datos erróneos introducidos.

Consejos

A continuación, se proponen dos soluciones:

- establecer sesiones de acceso a la base de datos y determinar las personas que pueden utilizarlas;
- hacer que algunos campos sean obligatorios para las personas implicadas.

Para aplicar estos consejos, hay que reajustar los equipos: solo el equipo de vendedores tiene acceso a la base de datos, mientras que el equipo informático es responsable de definir los campos obligatorios para los usuarios (los vendedores). Luego, el equipo informático pone rápidamente en marcha las herramientas necesarias mientras que el equipo de vendedores es más reticente. El mánager del equipo informático propone un sistema de incentivos equivalente a una prueba (de dos meses), que permitiría conocer al mejor vendedor, es decir, aquel cuyos datos introducidos tuvieran más calidad, y lo recompensaría con una prima.

Control del nuevo proceso

Después de este test, se toman medidas para verificar la fiabilidad de este nuevo método de codificación de datos. Entre estas, encontramos numerosas herramientas estadísticas (como el promedio y la desviación estándar). Esta última parte, muy importante, se descuida a menudo, por falta de tiempo, lo que implica que muchos proyectos que inicialmente iban bien vayan mal.

EN RESUMEN

- El método Seis Sigma es un planteamiento estadístico dirigido a las empresas. Convierte a los clientes en su principal preocupación, y su objetivo es seducirlos de nuevo gracias a una mejora de la calidad del producto.
- Existen tres prioridades: los clientes, los empleados y el proceso.
- Desde hace treinta años, empresas como Motorola, General Electric, Kodak o SRF utilizan el método Seis Sigma para mejorar y obtener o mantener una ventaja comparativa.
- Cuando se alcanza el objetivo Seis Sigma, algo que en la práctica nunca ocurre, se observa una tasa de fiabilidad casi perfecta: 3,4 defectos por millón de oportunidades de defecto (un 99,99 % de fiabilidad).
- La filosofía del Seis Sigma conduce a un replanteamiento continuo inscrito en el tiempo (búsqueda incesante de la perfección).
- Para que la implementación del método funcione, toda la jerarquía tiene que participar.

- El Seis Sigma puede fracasar si solamente se tiene en cuenta el aspecto técnico (reducción de los costes, etc.).
- Si el cambio no se gestiona bien en la empresa, los resultados eventuales serán escasos.
- El Lean Seis Sigma es una extensión del método, pero se centra sobre todo en el proceso de producción.
- Para asegurarnos del éxito del proceso hay que seguir escrupulosamente las etapas del DMAIC.

¡Tu opinión nos interesa!
¡Deja un comentario en la página web de tu
librería en línea,
y comparte tus favoritos en las redes sociales!

PARA IR MÁS ALLÁ

FUENTES BIBLIOGRÁFICAS

- Ait Belkacem, El Hadi. 2005. *Puissance Six Sigma*. París: Dunod.

- Atmaca, Ediz y Sule Gineres. 2013. "Lean Six Sigma Methodology and Application". *Quality & Quantity*, vol. 47, n.º 4.

- Berger, Aline. 2002. "Six Sigma: un échelon en plus de la productivité?". *Dossier technique des pays de Savoie*, J-Tec.

- Eckes, George. 2001. *Objectif Six Sigma. La révolution dans la qualité*. París: Pearson, colección *Village Mondial*.

- Kwak, Young Hoon y Frank Anbari. 2006. "Benefits, Obstacles, and Future of Six Sigma Approach". *Technovation*, vol. 6, n.º 5-6.

- Larson, Alan. 2003. *Demystifying Six Sigma: A Company-Wide Approach to Continuous Improvement*. Nueva York: Amacon (American Management Association).

- Linderman, Kevin, Roger Schroeder, Srilata Zaher y Adrian Choo. 2003. "Six Sigma: A Goal-Theoretic Perspective". *Journal of Operation Management*, vol. 21, n.º 2.

- Pande, Peter, Robert Neuman, Roland Cavanagh. 2000. *The Six Sigma Way. How GE, MOTOROLA, and other top companies are honing their performance.* Nueva York: McGraw-Hill Companies.

- Truscott, William. 2003. *Six Sigma: Continual Improvement for Business.* Oxford: Butterworth Heinemann.

www.50Minutos.es

ISBN ebook: 9782806274830

ISBN papel: 9782806285652

Depósito legal: D/2016/12603/501

Libro realizado por Primento*, el socio digital de los editores*